Meditaciones Guiadas de Autosanación y Atención Plena:

Múltiples Secuencias de Meditación como Chakra Curativo, Meditación de Respiración, Meditación de Exploración Corporal, Vipassana, Y Autohipnosis para una Vida Mejor!

Por Academia de Meditación Total

Tabla de contenidos

Meditación de Respiración

- Meditación de Respiración Fácil para Mejorar la Atención Plena
- Meditación del Diafragma para Trastornos de Pánico
- Relajar el Cuerpo
- Guión Dirigido de Relajación de Grupo Muscular
- Relajación y Meditación de la Hipnosis Física

Conciencia de Apertura

- Conciencia Respiratoria y Control de la Meditación
- Meditación sobre el Estrés y la Conciencia en el Lugar de Trabajo

Respiración abdominal

- Respiración abdominal para la oxigenación
- Respiración abdominal para el control de impulsos

Meditación de amor y bondad

- Meditación de la bondad para el autocuidado
- Meditación de amor para la actualización

Meditación "Receso" de autocompasión

- Perdon Guiada para la Autosanación

Meditación de compasión universal

- Meditación Vipassana

Meditación de ansiedad

- Guión general de autocuración para el alivio de la ansiedad sobre el terreno
- Meditación guiada de ansiedad para cerebros activos

Introduction

Piensa en la última vez que saciaste el trabajo, volviste a casa y realmente te sentiste relajado, no una media relajación llena de ansiedad y pensamientos sobre el día siguiente, una calma real y pacífica. Para la mayoría de nosotros, podríamos recordar esta sensación de paz en la última escuela primaria, o tal vez más atrás. El ritmo de nuestro mundo moderno es increíblemente rápido, y la mayoría de nosotros apenas tuvimos tiempo de notar que de repente, todo nuestro tiempo libre estaba ocupado. Incluso cuando no estamos trabajando de nueve a cinco o estudiando en la escuela, nuestros cerebros siempre están funcionando. Pensando. Los estímulos constantes pueden ser excelentes cuando se trata de mantenerse al día con sus seres queridos, pero los efectos negativos de Internet y las redes sociales afectan particularmente nuestra atención diaria. Se puede pensar en la definición de atención plena como simplemente prestar atención. Mindfulness da especial importancia a enfocar la mente, perfeccionar su concentración y realmente conectar emocionalmente con lo que está centrado en. La atención plena puede centrarse en cualquier cosa que elijas: si estás estresado por el trabajo, pensar clara y directamente sobre un problema específico puede ayudarte a superarlo. La meditación entra en juego con la atención plena en esta etapa del pensamiento de forma clara y directa. La mayoría de nosotros tenemos, en un momento dado, más que un puñado de cosas en nuestras mentes. Meditar te permite usar tu concentración para reducir ese puñado. Una vez que aprendas a meditar para calmar tus pensamientos con el fin de enfocarte directamente en una búsqueda consciente, no vas a creer los cambios que experimentarás. La meditación para la atención plena ha demostrado ayudar a las personas a ser más productivas, vivir sus vidas con una perspectiva más positiva y pensar en patrones de pensamiento más saludables. Ya sea que experimente ansiedad, estrés, depresión o simplemente fatiga de su vida diaria, tomar un momento para componer sus pensamientos y hundirse en una concentración profunda disminuirá sus síntomas. Muchos médicos y psiquiatras prescriben la meditación con un enfoque de atención plena como un medio de controlar o lidiar con factores estresantes de la vida. Con el fin de determinar el tipo de meditación que es adecuado para usted, esta guía útil caminará a través de todo el estilo más popular, y eficaz, de meditación. Completo con guiones que te ayudarán a centrarte, calmar tus emociones negativas y traerte paz, cada uno de los siguientes capítulos contiene todo lo que necesitas saber sobre la autocuración con meditaciones de atención plena guiadas. Si estás listo para empezar a respirar, centrar te y liberar tu mente, vamos a sumergirnos en los métodos de meditación que van a cambiar tu vida.

Meditación de Respiración

Meditación de Respiración Fácil para Mejorar la Atención Plena

Entra en tu aliento, y tu aliento te tumbará.

Aprender a tumbar tu espíritu mantiene tu ser entero.

Acércate a tu meditación con el pecho abierto –

Aquí hay aire, y hay vida.

Permítete asentarte en una posición cómoda, palmas abiertas, cuerpo relajado y estable.

Usted está en control – es el momento de descubrir el poder de su respiración.

Mientras te sientes, calla, quieto, escucha a tu corazón.

Escucha el tambor – lento, constante.
Eres un ciclo, un patrón, una canción.

Inhala por cuatro: uno, dos, tres, cuatro,

Y exhala por cuatro: uno, dos, tres, cuatro.

Tu aliento te da la vida.

Concéntrese en toda su atención consciente en la respiración.

Inhala por uno, dos, tres, cuatro,

Y exhala por uno, dos, tres y cuatro.

Inhala por uno, dos, tres, cuatro,

Y exhala por uno, dos, tres y cuatro.

Mientras inhalas, imagina que el universo se hincha dentro de ti –

Todo consume, respiras y te conviertes en uno.

Inhalar por uno, dos, tres y cuatro –

Y exhala por uno, dos, tres y cuatro – exhala gracias.

Respira aprecio.

Tu cuerpo, mente y espíritu cobran vida sólo con tu aliento –

Y el universo está aquí para proveerte.

Inhala por uno, dos, tres, cuatro,

Y exhala, completa, para uno, dos, tres, cuatro.

Una vez más, escucha el latido de tu corazón –

Toma tres respiraciones más, centrándote en una mente silenciosa y un cuerpo pacífico.

Inhala por uno, dos, tres, cuatro,
Y exhala, para uno, dos, tres, cuatro.
Inhala por uno, dos, tres, cuatro,
Y exhala, para uno, dos, tres, cuatro.
Inhala por uno, dos, tres y cuatro.
El verdadero aliento trae verdadera paz.
Has centrado tu aliento. Inhala, y exhala, una última vez.
Abre lentamente los ojos. Deja que tu respiración permanezca estable.
Adelante.

Meditación del Diafragma para Trastornos de Pánico

Tú tienes el control.
No hay nada que pueda quitarte el poder.
Enfoca tu mente sólo en tu pecho.
Inhala por uno, dos, tres, cuatro,
Y exhala por uno, dos, tres y cuatro.

Tú tienes el control.

Tú tienes el control.

Llama a tu cerebro consciente –

Siempre está ahí, incluso cuando te sientes abrumado.

Llama – concéntrate en encontrar tu atención plena.

Deja que tu espíritu se calme.

Inhala por uno, dos, tres, cuatro,

Y exhala, por uno, dos, tres, cuatro.

El pánico no tiene lugar aquí.

El miedo no tiene lugar aquí.

Siente sólo tu aliento.

Deja que tus inhalaciones y exhalaciones retrasen tu frecuencia cardíaca.

Respira por uno, dos, tres, cuatro,

Y expulsa tu ansiedad en la exhalación: uno, dos, tres, cuatro.

Respira por uno, dos, tres, cuatro,

Y expulsa tu miedo en la exhalación: uno, dos, tres, cuatro.

Respira por uno, dos, tres, cuatro,

Y expulsar tu inseguridad en la exhalación - uno, dos, tres, cuatro.
Cada aliento da vida a tu ser,
Cada exhalación toma el dolor de tu espíritu.
Siente que tu frecuencia cardíaca se ralentiza.
Estás tranquilo y en control.
Inhala por uno, dos, tres, cuatro,
Y exhala por uno, dos, tres y cuatro.
A medida que comiences a calmarte, concéntrate en la parte inferior del estómago.
Siente el movimiento de tu diafragma mientras inhalas –
Uno, dos, tres, cuatro
Y exhala: uno, dos, tres y cuatro.
Tu aliento, corazón y vientre son tu espíritu, mente y cuerpo.
Siente tu ser unificado para llegar a la paz.
No hay necesidad de miedo.
No hay necesidad de ansiedad.
Siente tu aliento.

Inhala – uno, dos, tres, cuatro,
Exhala – uno, dos, tres, cuatro.
Inhala – uno, dos, tres, cuatro,
Exhala – uno, dos, tres, cuatro.
Date permiso para encontrar la paz.
No tienes que preocuparte.
No necesitas entrar en pánico.
Todo está bien cuando tu ser está centrado.
Siente tu cerebro consciente relajarse,
Inhala por uno, dos, tres, cuatro,
Y exhala por uno, dos, tres y cuatro.
Eres ligero y pacífico, estás a salvo.
Respira tres respiraciones profundas,
Y cultivar un espacio seguro para sus momentos más ansiosos.
Inhala por uno, dos, tres, cuatro,
Y exhala por uno, dos, tres y cuatro.
Con cada respiración, consolidas la seguridad de tu espacio.
Estás aquí y protegido, en tu propia existencia.
Inhala por uno, dos, tres, cuatro,

Y exhala, para uno, dos, tres, cuatro.
Inhala por uno, dos, tres, cuatro,
Y exhala, para uno, dos, tres, cuatro.
A medida que calmas y te mueves suavemente hacia la superfice de la conciencia,
Recuerda este espacio que has creado.
Mantenga sagrada su seguridad pacífica –
Este santuario cultivado es tuyo.
Cuando te sientas abrumado, vuelve a ella.
Vuelve a tu mente.
Vuelve a tu aliento.
Vuelve a tu centro.
Abre los ojos y sal con fuerza
Y paz.

Relajar el Cuerpo

Cuando se trata de practicar meditaciones de autosanación guiadas corporalmente, el esquema básico que querrás seguir es uno de enfocar, tensar y relajarte. Cuando hagas una meditación de relajación corporal para la autosanación, estarás haciendo un balance de cada músculo, sistema y reacción. Nuestros cuerpos a veces pueden sufrir daños diarios que ni siquiera somos conscientes. La mayoría de las personas tienen tensión en sus mandíbulas, dientes, manos y hombros. Cuando hagas una meditación de relajación corporal, harás balance en silencio de cada uno de las molestias y dolores de tu cuerpo, en un intento de relajarte y traer la paz donde más lo necesites. Comencemos con una meditación muy simple y lenta que puedes hacer cuando te metes en la cama cada noche antes de irte a dormir. Las meditaciones corporales tienen la ventaja añadida de relajar su ser físico, así como su lado emocional para que tú seas mucho más propenso a derivar en un sueño profundo. Una vez que estés listo para la cama, recostándote boca arriba con los brazos a tu lado, las palmas mirando hacia abajo en el colchón, las piernas ligeramente separadas. Puedes ajustar tu posición a lo que sea más cómodo para ti. Sin embargo, tú debes centrarte en ser propenso y en una posición en la que rutinariamente te guste descansar. En la espalda es la mejor manera posible de acostarse con el pecho abierto, un corazón abierto y un ser físico alineado antes de comenzar su meditación, pero no el cuerpo físico de todos es el mismo. Encuentra tu comodidad, y comenzaremos. Con los ojos cerrados, camina a través de la siguiente meditación una o dos veces, dependiendo del estrés general y la tensión de tu cuerpo.

Guión Dirigido de Relajación de Grupo Muscular

A medida que su día llega a su fin, abra su corazón y mente a la relajación completa.

Cierra suavemente los ojos. Siente la oscuridad a tu alrededor como una manta.

Respira por la nariz, por uno, dos, tres, cuatro –

Y exhala por tu boca, por uno, dos, tres, cuatro.

Deje que cada cuenta regresiva de exhalación expulse energía negativa con su aliento.

Siente la sangre corriendo a través de tu cuerpo mientras respiras,

Uno, dos, tres, cuatro;

Y deja que tu estrés y tensión se disipen mientras exhalas –

Uno, dos, tres, cuatro.

Estás aquí, presente y listo para descansar.

Deja tu cerebro callado. Concéntrese sólo en su respiración.

Siente que tus músculos se relajan mientras tu cuerpo se llena de oxígeno.

Piensa en tus dedos de los pies.

¿Qué hiciste hoy con tu pie?

¿Están doloridos o cansados? Concéntrate en tus pies.

Mientras exhalas, prepárate para apretar los dedos de los pies mientras respiras.

Inhala uno, dos, tres, cuatro, y aprieta los dedos de los pies lo más que puedas.

Suelte lentamente, exhale uno, dos, tres, cuatro.

Siente que la tensión en los dedos de los pies se deshace.

Respira, uno, dos, tres, cuatro, y cambia tu enfoque a tus pantorrillas.

Exhala uno, dos, tres, cuatro, y aprieta las pantorrillas cuando empieces a inhalar.

Uno, dos, tres, cuatro, más apretado, más apretado –

Y suelta, para uno, dos, tres, cuatro.

A medida que te muevas hacia arriba a través de los músculos, concéntrate solo en el peso de tu propio cuerpo.

Aquí, estás presente con tu espíritu, mente y ser.

Cada apretón y liberación te ayuda a liberarte del estrés.

Es seguro dejarlo ir. Se le permite relajarse.

Piensa en tus rodillas. ¿Están apretadas o adoloridas?

Mientras inhalas, aprieta las rodillas durante uno, dos, tres y cuatro –

Y suelta lentamente, para uno, dos, tres, cuatro.

Al soltar las rodillas, presione las palmas hacia abajo y sienta el suelo.

Estás aquí, y tus rodillas, aunque hechas para caminar,

Están aquí para descansar.

Piensa en tus muslos. Respira y tenso, uno, dos, tres y cuatro –

Y suelte lentamente, uno, dos, tres y cuatro.

La mitad de la tensión en el cuerpo se ha disuelto.

Estás a medio camino de un sueño tranquilo.

Vuelve a enfocar tu mente si tus pensamientos vagan, y piensa en tus glúteos.

¿Te sentaste hoy? ¿Estás tenso?

Inhala y aprieta por uno, dos, tres y cuatro –

Y suelte por uno, dos, tres y cuatro.

Tu abdomen es el corazón de tu centro.

Disminuye la respiración y pausa los músculos.

Escucha el sonido de tus latidos.

Tu cuerpo mantiene tu corazón y tu espíritu a salvo.

El rejuvenecimiento es la clave.

Piensa en tu espalda baja.

Apretado, tenso, adolorido.

Respira y aprieta para uno, dos, tres, cuatro,
Y suelte por uno, dos, tres y cuatro.
Cambia el enfoque de atrás hacia adelante.
Piensa en tus músculos abdominales.
Piensa en tu estómago.
En una inhalación, apriete uno, dos, tres, cuatro,
Apretando los abdominales en la parte superior de la inhalación.
Suelte lentamente y exhale, uno, dos, tres y cuatro.
Ya casi terminaste. Siente tus músculos cerca del sueño.
Avanzando hacia arriba, concéntrate en tus hombros.
Que se relajen, que sanen.
Tense y espere para uno, dos, tres, cuatro,
Y exhala tu liberación, uno, dos, tres y cuatro.
Concéntrese una vez más en la tensión en sus hombros.

Esta vez, presione de nuevo en su colchón
–

Abre tu corazón y centro para rendirte por completo.

Respira por uno, dos, tres y cuatro –

Y suelta por uno, dos, tres, y cuatro.

Regrese lentamente a descansar en una posición suave y propensa.

Siga su torrente sanguíneo hacia abajo, hacia abajo –

Hacia las puntas de los dedos en las puntas de los brazos.

Están tensos como tus dedos de los pies y listos para descansar.

Aprieta los puños mientras inhalas por uno, dos, tres,

Y lentamente suelten su alcance, exhalando uno, dos, tres y cuatro.

Arriba de los dedos, concéntrate en tus antebrazos.

Respira y aprieta los antebrazos por uno, dos, tres, cuatro,

Y suelte por uno, dos, tres y cuatro.

A continuación, muévanse hacia sus bíceps, arriba, arriba.

Flexión y cierre para uno, dos, tres y cuatro -

Y suelte para uno, dos, tres, cuatro.

A medida que nos movemos hacia tu cuello, siente que el resto de tu cuerpo se pone ligero como el aire.

No tienes peso. Estás flotando.

No hay apego físico.

Estás relajado, y estás entero.

Inhala y tensa los hombros alrededor del cuello -

Uno, dos, tres, cuatro.

Y abajo, para uno, dos, tres, cuatro.

Cambia tu enfoque a tus músculos faciales. Aquí, la tensión es espesa.

A través de la mandíbula y la boca, tendemos a mantener el estrés.

Siente los músculos de la cara, siente el aliento entrando y saliendo del cuerpo.

Existir aquí por un momento, sin ningún movimiento más que aliento.

Inhala, uno, dos, tres, cuatro – y exhala uno, dos, tres, cuatro.

Llévese a su centro.

Siente que tu espíritu se asienta.

En la inhalación, apriete los músculos faciales durante uno, dos, tres y cuatro –

Y suelte por uno, dos, tres y cuatro.

Una vez más, regresa al torrente sanguíneo. Estás cansado –

Tus músculos se han calmado,

Tu dolor se ha ido,

No hay más tensión.

Eres ligero como el aire.

Mientras inhalas, piensa en tu cuerpo como un espacio completo.

Una unidad. Una máquina.

Tu templo.

Exhala uno, dos, tres y cuatro, y relájate.

El sueño es pesado.

Inhala uno, dos, tres, cuatro, y piensa en todo tu ser.

Exhala por uno, dos, tres y cuatro y siente que tu aliento deja tu cuerpo.

Los dedos de los pies de los dedos, el abdomen, el cuello, los brazos y las piernas –

Todos están en paz.

Inhala, uno, dos, tres, cuatro – y aprieta todo tu cuerpo.

Sostenga uno, dos, tres y exhale –

Uno, dos, tres, cuatro.

Deja que tu espíritu duerma.

Deja que tu mente descanse.

Tu cuerpo físico está purificado.

Piense en sus palmas mientras se va a dormir, presionado contra su fuerza de puesta a tierra.

Estás centrado. Todo está tranquilo.

Permítete dormir.

Relajación y Meditación de la Hipnosis Física

Concédete permiso para dedicarte al autocuidado.

Encuentra una posición en la que estés relajado, cómodo y abierto al universo.

Dondequiera que te encuentres, mantén las palmas abiertas –

Eres receptivo a la energía positiva.

La relajación del cuerpo y la mente rejuvenece el alma.

Te mereces la tranquilidad, y mereces la paz.

Ahora es el momento de relajarse.

Deja que tus párpados se caigan mientras relajas la mandíbula.

Busca el aliento, por la nariz y por la boca.

Escuche sólo la prisa de su aliento salvavidas –

Inhalar para uno, dos, tres y cuatro;

Y exhala por uno, dos, tres y cuatro.

Deja que el patrón de tu respiración ralentiza tu frecuencia cardíaca.

Siente que tus dedos, piernas y brazos se llenan de aire –

El oxígeno te ayudará a sanar.

Abre tu corazón a un centro consciente;

La relajación sólo se produce una vez que la tensión se ha ido.

Imagina, en tu mente,

Eres un recipiente lleno de agua.

Cuando empiezas cada día,

Eres claro y limpio – suave, quieto.

La superficie está rota, tus profundidades son puras.

No hay nada más que amor y calma.

A medida que pasa el día,

Tu recipiente pacífico comienza a burbujear,

Lentamente al principio –

Una burbuja de ira, una avalancha de ansiedad,

Un poco de estrés.

Su recipiente se agita; ya no eres pacífico.

A lo largo del día, cada vez más impurezas
Burbuja dentro de ti.
Presión, construcción, construcción, construcción.
Enfoca tu mente en la parte superior de tu cabeza.
Al final del día, usted está apretado y listo para estallar.
No hay nada pacífico en esta presión.
Inhala por cuatro: uno, dos, tres, cuatro,
Y exhala por cuatro: uno, dos, tres, cuatro.
Mientras exhala, suelte la tapa de su vaso –
Deje que la presión escape.
Desde la barbilla hasta el cuero cabelludo, libera tus impurezas como burbujas carbonatadas –
Inhala por uno, dos, tres, cuatro,
Y exhala tu presión: uno, dos, tres, cuatro.
Concéntrese en el abdomen, lleno de burbujas, apretado con presión.

Suéltalo, arriba, arriba, a través de tu cuero cabelludo, a través de tu mente, fuera de tu ser para siempre.

Inhala por uno, dos, tres, cuatro,

Y exhala tensión: uno, dos, tres, cuatro.

Eres una tetera que desahoga.

Desde las puntas de los dedos hacia arriba a través de los brazos,

Suelte la presión –

Inhala por uno, dos, tres, cuatro,

Y exhala por uno, dos, tres y cuatro.

Desde las longitudes de las piernas y hasta el torso,

Suelte la presión –

Inhala por uno, dos, tres, cuatro,

Y exhala, para uno, dos, tres, cuatro.

Desde las puntas de los dedos de los pies hasta la parte superior de la cabeza –

Suelte la presión.

Purifícate.

Inhala por uno, dos, tres, cuatro,

Y exhala por uno, dos, tres y cuatro.

Permita que su cerebro consciente descanse; su cuerpo está en paz.

Todas las emociones difíciles que se han ido por dentro de ti se han ido.

Estás tranquilo, sereno.

Usted está lleno de agua hermosa – fresco, tranquilo, y limpio.

Ya no hay nada negativo que te agote,

Eres ligero y aireado,

Suave y limpio.

Permítete estar descansado. Permítete sentir como en casa.

Lentamente, vuelve a la conciencia.

Has purificado y limpiado.

Estás entero otra vez.

Conciencia de Apertura

Muchos de nosotros estamos demasiado atascados en nuestras vidas personales, laborales y sociales para darnos cuenta de que hemos cerrado nuestros sentidos a la conciencia. La conciencia en la atención plena y la meditación a menudo coincide con las personas que desean controlar la depresión o la ansiedad. Si bien las meditaciones de conciencia no son una cura total para estos tipos de trastornos emocionales, abrir el corazón y la mente para ser consciente de ti mismo, de tu entorno y de tu día a día puede tener un gran impacto en tu felicidad. A menudo se conoce como un "cambio de marco", la conciencia.

Conciencia Respiratoria y Control de la Meditación

Llega a una posición cómoda que permite que tu cuerpo se relaje y descanse. Deja que tus mejillas se caigan. Siente que la tensión en la mandíbula comienza a disiparse.

Deja que los párpados se cierren, o si te sientes cómodo, mantenlos abiertos.

Tu meditación es tu espacio personal.

Al abrir tu corazón a la autoconciencia hoy,

Imagínate en la cima de una montaña.

Aquí estás lejos de tu centro –

Por encima del suelo, ansioso, y sin darse cuenta.

Pero la comodidad del terreno sólido está a su alcance.

Con cada número de diez a uno, imagínate dando un paso.

Más cerca, hacia adelante, hacia algo mejor.

Diez.

Da un paso. Siente que tu cuerpo acepta reposo.

Nueve.

Da un paso. Siente que tu mente empieza a ser lenta.

Ocho.

Da un paso. Con cada número, te hundes más en una conciencia profunda.

Siete.

Da un paso y escucha tu respiración: tus jadeos poco profundos han cambiado a inhalaciones largas y profundas. Te estás acercando a tu centro.

Seis.

La parte superior de tu viaje está muy por detrás de ti, y la tensión que tenías ha dejado.

Inhala por cuatro cargos – uno, dos, tres y cuatro –

Y exhala por cuatro cargos: uno, dos, tres, cuatro.

Da tus últimos cinco pasos, y con cada uno, date la última conciencia.

Cinco... Cuatro... Tres... Dos... Una.

Aquí está tu centro espiritual. Estás castigado, mentalmente, pero no has castigado tu ser físico.

Permítanos volver a su conciencia y volver a su aliento.

No hay miedo a la conciencia, sólo aceptación y conocimiento.

Siente la inhalación superficial de tu aliento.

No has encontrado tu centro de respiración.

La conciencia te ayudará a encontrarla, y a su vez, te traerá sanación.

Respira hondo por la nariz por uno, dos, tres, cuatro,

Extendiendo el estómago hacia afuera como un alcance.

Respira ahora, a través de tu boca, uno, dos, tres, cuatro,

Colapsando el estómago contra la columna vertebral.

Eres un ser que respira – la respiración es tu vida.

Concéntrate en tu conciencia. Concéntrate en la respiración. Tú tienes el control.

Calma cualquier pensamiento externo – exhalarlos con la respiración.

Estás en presencia de tu propio espíritu, y tu aliento le da vida.

Inhalar para uno, dos, tres y cuatro –

Y exhala, para uno, dos, tres, cuatro.

Mientras inhalas, busca conocimiento.

Uno, dos, tres, cuatro -

Inspeccione su cuerpo mientras exhala por uno, dos, tres y cuatro.

Si hay tensión, búsquela.

Donde hay un dolor, encuéntralo.

Inhalar para uno, dos, tres y cuatro –

Y exhala por uno, dos, tres y cuatro.

Centra tu conciencia en lo que no está alineado con tu centro.

Inhala y siente la tensión: uno, dos, tres, cuatro.

Exhala y purga tu sistema de impurezas.

Mantenga su mente y pensamientos centrados en su desalineación –

Para tres respiraciones profundas, permita que su estado consciente se concentre solo aquí.

Respira y purga.

Inhala tu tensión – uno, dos, tres y cuatro –

Y exhala estrés innecesario por uno, dos, tres y cuatro.

Inhalar para uno, dos, tres y cuatro;

Y exhala por uno, dos, tres y cuatro.

Inhalar para uno, dos, tres y cuatro;

Y exhala por uno, dos, tres y cuatro.

Tu conciencia ya no pertenece a esta región –

Te has concentrado, encontrado y liberado.

Regresa, ahora, a tu viaje de diez pasos.

Empiezas tu ascenso limpio y limpiado.

Un paso adelante, un paso adelante. Uno.

Siente tu fuerza. Llegar al pico ya no es difícil.

Dos. Más alto, más fuerte. Usted es consciente. Estás tranquilo.

Tres. Cuatro. Toma un respiro.

Inhala por uno, dos, tres, cuatro,

Y exhala por uno, dos, tres y cuatro.

Acérquese. Cinco. Seis. Siete.

Arriba, ocho. Nueve. Diez.

Inhala por uno, dos, tres, cuatro,

Y exhala por uno, dos, tres y cuatro.

Has regresado, pero no eres el mismo.

Estás centrado. Tienes el control.

Abre los ojos lentamente – la conciencia es un regalo.

Meditación sobre el Estrés y la Conciencia en el Lugar de Trabajo

Al entrar en su práctica meditativa hoy, sientese en una posición cómoda que no requerirá cambio.

Con las palmas abiertas y relajadas donde quiera que te sientas más natural,

Deje que los párpados se caigan si se sientan pesados, o mantengalos suavemente abierto si lo prefiere.

A través de la nariz, inhalar por cuatr: uno, dos, tres, cuatro,

Y exhala por cuatro cuentas de tu boca: uno, dos, tres, cuatro.

La autocuración no siempre implica el yo; mientras calmas tus pensamientos,

Concéntrese en el estrés: trabajo, escuela, mandados y plazos.

Concéntrese en el estrés: trabajo, escuela, mandados y plazos.

Inhala por uno, dos, tres, cuatro,

Y exhala por uno, dos, tres y cuatro.

Tu estrés es un ascensor en el último piso

–

Suspendido, pesado, infligiendo daño.

Empiezas en lo alto, capturado y atrapado.

Inhala por uno, dos, tres, cuatro,

Y exhala por uno, dos, tres y cuatro.

A medida que tu atención plena se estira para envolver tu estrés,

Siente la carga en lo más profundo de ti.

Para librarse de la negatividad, primero debe erradicar su causa.

¿De dónde sientes que proviene tu estrés?

¿Estás demasiado ocupado en el trabajo? ¿Ansioso? ¿Cansado? Encuentra tu causa.

Encuentra tu raíz.

Inhala por uno, dos, tres, cuatro,

Y exhala por uno, dos, tres y cuatro.

Fijar la causa de su desequilibrio – el estrés no puede venir de donde no pertenece.

Las emociones negativas no tienen lugar en tu espacio mental.

Deje el trabajo en el trabajo : permítete el lujo de un lugar seguro.

Inhala por uno, dos, tres, cuatro,

Y exhala por uno, dos, tres y cuatro.

Mueve tu ascensor por un piso. Pesado, difícil, pero el alivio está cerca.

Siente que tu carga se aligera – siente que tu espíritu aumenta a medida que disminuye la tensión.

Estás más cerca del suelo, ya no estas peligrosamente en el borde.

El cable por encima de la cabeza ya no se tensa con el estrés, pero tu mente permanece apretada.

Muévete suavemente por otro piso, tu mecanismo crujiendo, temblando, pero relajándote.

Su ascensor no puede caer si lo ha traído al suelo.

Inhala por uno, dos, tres, cuatro,

Y exhala por uno, dos, tres y cuatro.

El estrés puede derramarse para convertirse en ansiedad o ira – baja el ascensor y deja que este piso purgue tus emociones negativas.

Aquí, estás enojado, herido, avergonzado – sobrecargado, cansado, desilusionado. No puedes quedarte. Y no lo harás.

Deja atrás estas peligrosas emociones: si se construyen con demasiada fuerza, el ascensor se estrella.

La autocuración requiere tiempo, y la autocuración toma fuerza.

No dejes que tu estrés te muestre débil.

Tire de su ascensor hacia abajo de nuevo, inhalando por uno, dos, tres cuatro,

Exhalando negatividad para uno, dos, tres y cuatro.

Siente tu aliento, como tu ascensor, deja de lado el dolor.

No puedes controlar las causas que te causa estrés, pero puedes ayudar a tu mente a llevar tu espíritu de vuelta al centro.

No hay tiempo para un estrés indebido que no podamos cambiar nosotros mismos.

Tire hacia abajo otra vez, otro piso. Cada uno es más suave, cada uno es más fácil.

Su ascensor reproduce su música – permítase relajarse.

Inhala por uno, dos, tres, cuatro,

Y exhala por uno, dos, tres y cuatro.

Con un último tirón, baje su ascensor a la planta baja.

Inhale su estado sólido seguro - uno, dos, tres, cuatro;

Y exhala tu duda: uno, dos, tres, cuatro.

Mantén tu mente y despeja cualquier pensamiento de trabajo o estrés.

Estás centrado aquí. No des más tiempo para estresarte.

Tus minutos son tuyos, tus pensamientos son tuyos, y tu ascensor es tuyo.

Inhala por uno, dos, tres, cuatro,

Y exhala por uno, dos, tres y cuatro.

Aquí, su viaje termina y comienza. Estás centrado y castigado, espiritual y físicamente. Sólo usted puede permitir que su ascensor sea drogado de nuevo.

Mantengan su terreno – usted está en control.

Inhala por uno, dos, tres, cuatro,

Y exhala por uno, dos, tres y cuatro.

Vaya con atención a sus espacios estresantes con el centro, el control y el enfoque.

Lentamente, abre los ojos y déjate llevar por el estrés.

Respiración abdominal

La respiración abdominal, a diferencia de la meditación respiratoria, se centra un poco más en los músculos físicos que en la respiración espiritual y emocional en lo que se refiere a su paz interior. Las meditaciones de respiración abdominal son útiles para permitir que tu cuerpo llene tu torrente sanguíneo de oxígeno, lo que crea, a su vez, una increíble sensación de calma, satisfacción y salud corporal. La mayoría de nosotros no tenemos idea de cómo respirar correctamente usando nuestros músculos, nariz y boca del diafragma – simplemente hacemos todo lo posible, sin aprender la técnica adecuada para maximizar nuestro flujo de aire y realmente enriquecer su cuerpo con atención plena biológico oxigenado. Con el fin de meditar adecuadamente con técnicas de respiración abdominal, vas a querer centrarte en respirar a través de la nariz y por la boca.

Puede que no suene muy complicado, pero la idea básica detrás de las meditaciones de respiración abdominal es perfeccionar la respiración para tratar mejor a tu cuerpo. Cuando respiras a través de la nariz, para enganchar correctamente el diafragma, tienes que extender el estómago hacia afuera y hacia abajo, como si estuvieras presionando el oxígeno hacia abajo en la parte más baja del vientre. Una vez que haya completado la inhalación, debe colapsar el estómago en un movimiento hacia arriba mientras exhala a través de la boca. En lugar de llenar el vientre hasta el fondo, la exhalación debe ser a partir de la parte inferior y empujar el oxígeno hacia fuera. Pruebe este patrón un par de veces, y una vez que se aferre de él, tu debes comenzar a sentir su hormigueo del cuerpo, relajarse, y llenarse de oxígeno. Cuando el torrente sanguíneo está altamente oxigenado, el cerebro, el corazón, los músculos y los órganos funcionan de manera más eficaz.

Vamos a caminar a través de una meditación de respiración abdominal rápida para enseñarle cómo mover su diafragma, antes de entrar en un guión completo de meditación de la conciencia ción abdominal. Cuando te involucres en la meditación de la respiración abdominal, querrás asegurarte de que estás posicionado para que la columna vertebral esté recta y la parte superior del abdomen no esté doblada de una manera que obstruya las vías respiratorias. Mientras que la mayoría de las personas eligen sentarse en una posición cómoda con las piernas cruzadas en un suave mate o almohada, todos son diferentes, siempre y cuando las vías respiratorias no estén constreñidas, la respiración abdominal funcionará normalmente. Cierra los ojos y empecemos.

Respiración abdominal para la oxigenación

Relajarse. Siente que tu cuerpo entra en un estado consciente.

Permita que su corazón comience a curarse a sí mismo.

Tu único enfoque ahora es respirar.

Por dentro y por fuera.

Por dentro y por fuera.

Siente tus latidos.

Inhala lentamente a través de la nariz,

Extendiendo el estómago hacia afuera por uno, dos, tres.

Exhala lentamente a través de la boca, mientras empujas

Tu aliento para tres, dos, uno, arriba y fuera.

Se derrumba sólo para abrir – sentir el ciclo.

Inhala de nuevo, esta vez empujando tu aire

Baja abajo en tu vientre.

Exhala lentamente, empujando desde esa misma profundidad

Arriba desde abajo –

Tres, dos, uno.

Siente el estiramiento, el contrato y el cambio del diafragma.

Estás respirando como el universo pretendía.

Permita que su torrente sanguíneo se llene de oxígeno –

Tu aliento es tu vida.

Inhala por la nariz, uno, dos, tres, cuatro,

Empujando tus salidas de estómago,

Luego exhala lentamente, a través de tu boca,

Uno, dos, tres, cuatro

Empujando hacia arriba – hacia arriba, respirando con el diafragma.

Centra tu enfoque solo en la respiración,

Tu estómago, afuera, diafragma, arriba,

Una y otra vez, un patrón nutritivo.

Inhala por uno, dos, tres, cuatro,

Y exhala por uno, dos, tres y cuatro.

Inhala por uno, dos, tres, cuatro,
Y exhala por uno, dos, tres y cuatro.
Inhala por uno, dos, tres, cuatro,
Y exhala por uno, dos, tres y cuatro.
Siente que tus músculos comienzan a recordar cómo usar el diafragma.
Con cada respiración, dentro y fuera, su cuerpo recuerda cómo respirar.
Profundo, largo, lento – fuerte.
Respira con todo tu cuerpo.
Inhala por uno, dos, tres, cuatro,
Y fuera por uno, dos, tres, y cuatro.
Aprender y enseñar requieren paciencia –
Usted es a la vez estudiante y profesor.
Tu cuerpo es fuerte,
Estás lleno de oxígeno – tu aliento es tu vida.
Permita que sus músculos trabajen libremente;
Un cuerpo que respira libremente aporta ligereza al alma.
Inhala por uno, dos, tres, cuatro,
Y exhala por uno, dos, tres y cuatro.

Recuerda cómo funcionan tus músculos –
Recuerda cómo se siente tu aliento.
Inhala por uno, dos, tres, cuatro,
Y exhala por uno, dos, tres y cuatro.
Trabaje el estómago, sienta sus abdominales.
Eres consciente y consciente – tu aliento nunca ha sido más fuerte.
Inhala por uno, dos, tres, cuatro,
Y exhala por uno, dos, tres y cuatro.
Deja que tu mente controle tu cuerpo –
Deja que tu cuerpo sane tu espíritu.
Inhala por uno, dos, tres, cuatro, recordando tus movimientos.
Exhala para uno, dos, tres y cuatro – un patrón repetitiva.
Tu aliento es antiguo, una combinación de todo tu cuerpo, mente y espíritu –
Pero eres consciente, y un corazón consciente puede entrenar su aliento.
Inhala por uno, dos, tres, cuatro,
Y exhala por uno, dos, tres, cuatro– estás creciendo mientras respiras.

Deja que tu ritmo se afloje lentamente.
Libera el control sobre tu respiración.
Siente cómo tus músculos recrean el patrón.

Ahora conoces tu antiguo aliento – recuerda a tu cuerpo cómo usarlo.

Respiración abdominal para el control de impulsos

Inhala de forma natural por cuatro cargos: uno, dos, tres, cuatro,

Y exhala naturalmente por cuatro cargos: uno, dos, tres, cuatro.

Centra tu atención plena solo en tu aliento:

¿Tus inhalaciones son superficiales? ¿Tus exhalaciones son cortas?

Centra tu atención plena solo en tu espíritu –

Deja que tu aliento saque tu negatividad.

Ten en cuenta tus factores estresantes, pero no permitas que afecten tu centro.

Mantenga el dolor enfocado y respire lentamente.
Inhala por uno, dos, tres, cuatro,
Pero exhalar afilado, rápido, rápido –

Meditación de amor y bondad

Meditación de la bondad para el autocuidado

Practicar la bondad hacia uno mismo toma tiempo y paciencia.

Acércate a tu meditación hoy con el corazón abierto, no para el mundo, sino para ti mismo.

A medida que llegue a descansar en una posición propensa cómoda, permita que sus ojos se cierren suavemente contra las mejillas.

Siente la respiración entrar y salir de tu cuerpo – inhalar por uno, dos, tres, cuatro,

Y exhala, para uno, dos, tres, cuatro.

Sois tres seres juntos: espíritu, cuerpo y mente, y debes nutrir a cada uno con bondad.

Mientras sientes que te estableces en un estado consciente, imagina que te estás hundiendo por el suelo.

Usted no es pesado con la carga, o pesado con el dolor –

Tu espíritu, cuerpo y mente, están llenos de calma, y al practicar la bondad propia, invitas a la paz a unirte a ti.

Inhala por uno, dos, tres, cuatro y exhala, para uno, dos, tres, cuatro.

El aumento de tu pecho da vida a todo lo que eres, pero todo lo que eres a veces puede sufrir del estrés de la vida.

Eres gentil, y debes tratarte así.

Toma tu espíritu, cuerpo y mente en tus manos, y deja que tu meditación revitalice tu ser con bondad.

Cambia tu enfoque a tu centro. Imagínate, en medio de tu pecho, una luz brillante.

Esta luz es tu amor por tu propio yo – creado dentro, y nutrido dentro.

Inhala por uno, dos, tres, cuatro, y observa cómo crece tu luz.

Exhala por uno, dos, tres y cuatro.

Dentro del pecho, tu luz es más grande , más brillante, más amable.

Mientras te centras en ampliar la luz dentro del pecho, respira por uno, dos, tres, cuatro y fuera, para uno, dos, tres y cuatro.

Mantén las palmas abiertas al universo mientras alimentas tu luz interior.

Inhala para uno, dos, tres, cuatro, brillando de brazo a brazo.

Exhala por uno, dos, tres, cuatro, y siente que la luz llega hasta los dedos.

Eres un ser iluminado en bondad, bondad creada por ti, para ti.

Una vez más respira por uno, dos, tres, cuatro, encendiendo tu cuerpo en la luz mientras exhalas: uno, dos, tres y cuatro.

Contunde con amabilidad. Eres tu mejor amante.

Gira tu cerebro consciente hacia adentro hacia tu espíritu.

Envía luz en olas para bañar tus pasiones, dedicación, motivación y satisfacción.

Mereces ser amable contigo mismo.

Muévete de tu espíritu a tu cuerpo.

Deja que tu luz se caliente.

Inhala por uno, dos, tres, cuatro, y siente el sol contra tu piel.

Exhala uno, dos, tres y cuatro, y deja que tus dedos te hormigueen.

A través de tu ser físico, envía ondas de luz e intenciones amables.

Nuestros seres físicos a menudo son pasados por alto, pero no puedes estar entero sin los tres.

Tu ser físico te mantiene vivo. Tu ser físico te mantiene a salvo.

Trata tu cuerpo con amor. Trate su cuerpo con amabilidad.

Las palabras crueles no pueden cambiar lo que no se puede cambiar: la bondad es la aceptación, y la aceptación es amor propio.

Respira por uno, dos, tres, cuatro,

Y fuera por uno, dos, tres, y cuatro.

Voltea ahora a tu mente, ese lugar polvoriento con pensamientos ansiosos y miedos agudos.

Tu mente es sagrada, el hogar de tu creatividad, tú mismo y tu impulso.

Baña tu mente en la bondad – eres inteligente, eres fuerte y eres capaz de cualquier cosa.

Inhala por uno, dos, tres, cuatro,

Y exhala por uno, dos, tres y cuatro.

Una vez más hacer un balance del peso de su cuerpo - usted es pesado, grueso, cargado de densidad;

Pero todo es amor.

Eres pesado de amor.

La bondad no se encuentra fácilmente fuera, sino que se cultiva mejor dentro de su mente.

Puedes brillar, por tu cuenta, y sanar, por tu cuenta.

Eres espíritu, cuerpo y mente, y si eres amable, puedes hacer cualquier cosa.

Inhala por uno, dos, tres, cuatro, y siente que tu resplandor comienza a aligerarse.

Eres un faro de bondad, y tu trabajo, por ahora, ha terminado.

Inhala por uno, dos, tres, cuatro,

Y exhala uno, dos, tres y cuatro.

Absorbe la luz que dejaste atrás, tomando lo que no se usó.

Lentamente, débilmente, hágase a una suave quemadura baja.

Tu bondad es una lámpara dentro de tu pecho.

Encuentra su brillo cuando más lo necesites, pero nunca dejes que la luz se acabe.

Inhala por uno, dos, tres, cuatro,

Y exhala, amable, iluminado en la luz, para uno, dos, tres y cuatro.

Permita suavemente que sus ojos se abran. Vuelves a entrar en el mundo como uno solo –

La bondad forjada, eres espíritu, cuerpo y mente en paz.

Meditación de amor para la actualización

Tranquilízate.

Permita que su ser físico se desconecte de su espíritu.

Aquí, y ahora, son dos separaciones: una nave y un viajero.

Sumérgete en una posición cómoda.

Deje que sus ojos se cierren suavemente, o descanse ligeramente en una cara suave.

Inhala por cuatro cargos: uno, dos, tres, cuatro,

Y exhala por cuatro cargos: uno, dos, tres, cuatro.

Tu ritmo es tu guía. Deja que tu aliento relaje tu cuerpo.

Centra tu atención plena en tu corazón.

Escucha el ritmo constante, y siente el peso de tu propia humanidad.

Todos escuchamos el mismo latido: todos contenemos el mismo corazón.

Inhala para uno, dos, tres, cuatro e imagina un jarrón lleno de flores –

Pero vacía de agua.

Inhala por uno, dos, tres, cuatro y exhala, para uno, dos, tres, cuatro.

El espacio vacío en la parte inferior del jarrón le llama –

Pero, ¿qué puedes hacer?
Inhala por uno, dos, tres, cuatro,
Y exhala por uno, dos, tres y cuatro.
Tienes algo que verter.
Devuélvete el foco en el pecho.
Tienes amor allí.
Me encanta dar.
Cada lenta inhalación de aliento, la imagen que jarrón con una fina piscina de agua.
Respira por uno, dos, tres, cuatro,
Y fuera, para uno, dos, tres, y cuatro.
Cada pétalo se mueve, hay agua allí.
No puedes recibir amor si eres incapaz de dar.
Inhala por uno, dos, tres, cuatro,
Y exhala por uno, dos, tres y cuatro.
Cada flor, tercero, sentie su compasión – aprender a dar para que pueda recibir.
Aprenda a dar para que pueda recibir.
Inhala por uno, dos, tres, cuatro, y regala tu amor.

Exhala uno, dos, tres y cuatro, y observa las flores en tu jarrón.

Mientras respiras, das y aprendes a amar.

Ningún corazón cerrado puede recibir emoción.

Inhala por uno, dos, tres, cuatro,

Y exhala por uno, dos, tres y cuatro.

Hazte una promesa a ti mismo, como cada respiración que regresa –

El amor dado es el amor devuelto. El amor dado es el amor devuelto. El amor dado es el amor devuelto.

Inhala por uno, dos, tres, cuatro,

Y exhala por uno, dos, tres y cuatro.

Eres un recipiente y un viajero, un ser y un espíritu.

Pero el amor es tanto físico como espiritual.

Uno trae al otro, y el otro trae uno.

El amor espiritual sube el amor físico, y los panes de amor físicos amor espiritual.

Eres un patrón, un círculo, un ciclo.

Tu amor viene de tu corazón – dentro – y regresa, para curarte, también dentro.

Inhala por uno, dos, tres, cuatro,

Y exhala por uno, dos, tres y cuatro.

Cuerpo y espíritu, mente y materia. El amor es ambas cosas.

Date permiso para regalar tu amor –

Sólo una vez que lo hayas hecho te encantará volver a tu camino.

A medida que comienza salicomiendo lentamente, inhalar por uno, dos, tres,

Y exhala por uno, dos y tres.

Deje que las palmas de las manos se cierren lentamente.

Cuerpo y espíritu, mente y materia. El amor es ambas cosas. Y tú eres amor.

Meditación "Receso" de autocompasión

Perdon Guiada para la Autosanación

A medida que se instala en su práctica, encontrar una posición cómoda.

Date permiso para ir más despacio.

El perdón no es fácil en nuestros propios corazones –

Extiende la misma cortesía que haces a los demás.

Somos amables con nuestro entorno y con nuestras familias.

Amamos a los demás, a los animales y al planeta, pero no nos amamos a nosotros mismos.

Deja que tus ojos caigan como quieran; mantener las palmas abiertas, sin importar su postura.

Invita al universo a tu corazón. Deje su espacio personal abierto para la positividad.

Lentamente, inhala por tu nariz, por uno, dos, tres, cuatro.

Exhala, lentamente, a través de tu boca, uno, dos, tres y cuatro.

Enfoca tu atención plena mientras respiras, para uno, dos, tres, cuatro,

Encuentra la compasión que inspira tu atención plena –

La compasión por ti mismo curará viejas heridas.

Un ser centrado no puede estar en desacuerdo dentro de sí mismo.

Una vida consciente debe ser consciente de sí misma.

Inhala lentamente, para uno, dos, tres, cuatro,

Y exhala, uno, dos, tres y cuatro.

Si vienes a tu práctica con culpa hoy, encuéntrala y mantenla en tu mente.

Si vienes a tu práctica con ira hoy, encuéntrala y mantenla en tu mente.

Si vienes a tu práctica con inseguridad hoy, encuéntrala y mantenla en tu mente.

Nosotros, como el mundo, tenemos muchos lados, muchas caras y muchas pieles.

No estás definido por uno solo – todos son muchos, pero en el amor, somos uno.

Inhala por la nariz por uno, dos, tres, cuatro,

Y suéltense a través de su boca, uno, dos, tres y cuatro.

Un cuerpo dividido no puede encontrar su centro.

Debes uniarte con el amor.

Comienza extendiéndote la compasión.

Entonces, extiende la protección.

Eres seguro para perdonar – y no eres tus errores.

Inhala profundamente a través de tu nariz, uno, dos, tres, cuatro,

Concéntrate en el dolor que tienes en tu mente.

Exhalar para uno, dos, tres y cuatro –

La crueldad hacia nosotros mismos duele el doble que los demás.

No eres tu mayor crítico; no dañen lo que te mantiene vivo.

Incluso cuando te equivocas, tu mente, cuerpo y espíritu son preciosos.

El crecimiento es aprendizaje, el crecimiento es recuperación;

Y el perdón alimenta ese crecimiento.

No dejes que la culpa haga que tu espíritu sea pesado.

No dejes que la ira haga que tu espíritu sea rencoroso.

No deje que la seguridad disminuya su luz.

Eres poderoso y capaz de cambiar.

Respira por la nariz por uno, dos, tres, cuatro,

Y por tu boca, esta vez no lentamente. Rápido, duro, todo en una ráfaga.

Agresivo, como el viento – una purificación.

HUUUUUUUHHHHHH.

Culpa, ira, inseguridad, dolor –

Soplarlos, con cada exhala.

Duro y rápido, deja que tu boca haga un sonido.

Concedete permiso para expulsar energía negativa.

Concedete permiso para hacer ruido –

Empuja y empuja hasta que tu dolor se haya ido.

Pronto sólo quedará la paz.

Inhalar por uno, dos, tres y cuatro –

Y sopla restar, con fuerza, todo en un solo aliento.

Déjalo todo.

Empuja todo.

Tus errores no sirven de nada atrapados dentro de donde pueden hacerte daño.

Inhalar para uno, dos, tres y cuatro –

Y sopla – FUERA. Tu dolor es el pasado.

Inhala, para uno, dos, tres y cuatro –

Y sopla – FUERA. Tu dolor es el pasado.

Inhalar para uno, dos, tres y cuatro –

Y sopla – FUERA. Tu dolor es el pasado.

Perdónate a ti mismo.

Inhala tu dolor, respira tu dolor.

Expulsa la compasión – sé amable con tu corazón.

Inhalar para uno, dos, tres y cuatro –

Y sé amable con tu exhalación: uno, dos, tres, cuatro.

Ahora estás perdonado. Tu mente está clara, tu cuerpo está purgado.

Tu sangre corre compasión.

Hay amor por ti mismo aquí, y en el amor por ti mismo, hay curación.

Suelta tu culpa. Suelta tu ira. Suelta tus inseguridades.

Estás perdonado. Eres consciente y compasivo.

Eres un ser centrado.

Inhala tu arduo trabajo por uno, dos, tres, cuatro,

Y exhala tu paz: uno, dos, tres, cuatro.

Inhala tu pasado – uno, dos, tres, cuatro,

Y exhala tu paz: uno, dos, tres, cuatro.

Inhala tu dolor – uno, dos, tres, cuatro,

Y exhala amor propio: uno, dos, tres, cuatro.

Deja que el perdón devuelva tu alma al centro.

Avance y disfrute con cuidado.

Meditación de compasión universal

Meditación Vipassana

Una de las formas más antiguas de meditación budista que implica sólo el reconocimiento del sentido, la meditación Vipassana es el bloque de construcción para el control emocional moderno. La meditación de Vipassana busca relajar tu mente y enfocarte sólo en el ascenso y la caída de tus procesos naturales del cuerpo (es decir, tu respiración natural). Sin embargo, cuando practicas Vipassana, quieres tomar nota especial de las sensaciones que experimentas mientras practicas. Para este estilo de meditación para la autosanación guiada, querrás sensarte en un lugar tranquilo, ya sea en la naturaleza o cerca de la naturaleza, en una posición lo suficientemente cómoda como para que no tengas que moverte por mucho tiempo.

Ven a tu aliento natural con respeto y admiración.

Respirar es parte de su fuerza vital – no fuerce lo que es natural.

Permítete reclinarse, sentirse cómodo, seguro y firme.

Con las palmas abiertas al cielo y al universo, cierra los ojos.

Respira por cuatro: uno, dos, tres, cuatro,
Y por cuatro: uno, dos, tres, cuatro.

Despeja tu mente. Si quieres purgar tus pensamientos, ralentiza tu mente.

Es hora de la tranquilidad.

Ahora es el momento sólo de tus sentidos.

Estás en comunión con tu existencia: naturaleza, tierra, cuerpo, aliento.

Uno.

Mientras respiras, piensa sólo en eso.

Respiración.

Estás respirando.

No permitas que tus pensamientos entren en este espacio. Tu mente debe ser clara, limpia y pura.

Sólo respira.

Sólo respiras.

Si tu mente empieza a preguntarse,

Sólo estás pensando.

Si te concentras en tu ser físico,

Sólo estás sintiendo.

Eres un cuerpo lleno de sensaciones –

Pero también eres un cuerpo abrumado por él.

Inhala por uno, dos, tres, cuatro,

Y exhala por uno, dos, tres y cuatro.

No permitas que tu complicada existencia se entromezcan en tu silencio.

Aquí, estás solo con sólo tus sentimientos.

Son todo lo que importa.

Respiración. Sólo respiras.

Inhala por uno, dos, tres, cuatro,

Y exhala por uno, dos, tres y cuatro.

Es posible que pase un sonido, pero no puedes ayudar a la audición.

Reconozca la acción – Estoy escuchando.

Pero no permita que que se quede más allá de su bienvenida.

No estás oyendo u oliendo, no estás pensando.

Un aroma puede pasar, pero no te detengas mientras hueles.

No estás oliendo –
Sólo respiras.
Tenga en cuenta y, a continuación, borre.
Respiración.
Respiración.
Sólo respiras.
Inhala por uno, dos, tres, cuatro,
Y exhala por uno, dos, tres y cuatro.
Tus pensamientos no pertenecen aquí –
Tus sentimientos no pertenecen aquí –
Tus olores no pertenecen aquí –
Sus sonidos no pertenecen aquí –
Aquí sólo hay paz.
Aquí está el resto.
Aquí está tranquilo.
Toma, respira.
En – uno, dos, tres, cuatro.
Fuera – uno, dos, tres, cuatro.

La forma más simple de enfocarse, aquí, sólo en tu aliento, sólo en tu vida.

No necesitas nada más que aire.

No necesitas más que aliento.

Silencio de su mente – Usted sólo está respirando.

Meditación de ansiedad

Muchas personas que luchan con ansiedad o depresión tienen guiones y rutinas individualizados que les ayudan a controlar sus síntomas. Sin embargo, hay algunos conceptos generales y técnicas meditativas que pueden ayudar a casi cualquier persona a meditar por su ansiedad. Si bien estos guiones pueden no ser infalibles para cada forma de ansiedad o trastorno de ansiedad, cualquier tipo de meditación o atención plena está científicamente probada para ayudar a manejarlos. Empecemos.

Guión general de autocuración para el alivio de la ansiedad sobre el terreno

Encuentra un espacio cómodo donde te sientas más seguro.

Centra tu cerebro consciente en tu aliento.

Deja que tus pulmones se llenen de aire: uno, dos, tres, cuatro.

El aire trae tu vida corporal, y tu aliento te mantiene a salvo.

Aquí y ahora, eres real. Concéntrese sólo en lo que es real.

El presente es ahora – y es seguro para usted aquí.

Exhala por uno, dos, tres y cuatro.

Mira a tu alrededor. ¿Qué ves?

Nombra cuatro cosas que puedes encontrar.

Inhala y cuenta – uno, dos, tres, cuatro.

Cada elemento, un respiro. Siente que tus sentimientos se desescalan.

Exhala por uno, dos, tres y cuatro.

Escucha tu entorno. ¿Qué oyes?

Nombra cuatro sonidos que escuches en tus oídos,

Insértalos por uno, dos, tres y cuatro.

Y fuera, para uno, dos, tres, y cuatro.

Tu entorno te ayuda a castigar tu espíritu. Sosténgase a la Tierra.

Estás presente. Donde quiera que estés donde puedas estar. Sólo puedes controlarte a ti mismo.

Tome el control de su aliento – inhalar para uno, dos, tres, cuatro, y mantener –

Dos, tres, cuatro - exhala, y siente tu influencia sobre tu aliento.

Tú tienes el control. No es tu ansiedad.

Tú tienes el control. No es tu ansiedad. Estás castigado y gobernado por tu atención plena.

Recuérdate a ti mismo.

Inhala por uno, dos, tres, cuatro y disfruta de tu habilidad para descansar, aquí, donde tienes poder.

No importa lo que pase a tu alrededor,

Estrés, tensión, miedo, dolor: tú, tu mente y tu aliento están a salvo.

Estas son tuyas. Encuentra comodidad en tu cuerpo.

Encuentra comodidad en tu centro.

Respira por uno, dos, tres y cuatro –

Y fuera - uno, dos, tres, y cuatro.

Expulsa tu miedo. Tienes el control.
Tu centro, tu jardine.
Tu aliento da vida.
Todo lo que necesitas es a ti.

Meditación guiada de ansiedad para cerebros activos

A medida que llegue a su práctica diaria, mantenga un ritmo lento y constante –

Estás aquí para calmarte, aquí para descansar, y aquí para ir más despacio.

Encuentra una posición tranquila con las palmas suavemente abiertas.

Inhala por cuatro: uno, dos, tres, cuatro,

Y por cuatro: uno, dos, tres, cuatro.

Concéntrese en su pecho, el aumento y la caída de su aliento natural.

Tu mente y tu ansiedad te alejan del centro, más lejos de la estabilidad.

Pero usted es fuerte - se puede tirar de ellos hacia atrás.

Inhala por uno, dos, tres, cuatro,

Y exhala por uno, dos, tres y cuatro.

Concéntrate en tu cerebro ahora, tus pensamientos, tus palabras y tu flujo constante de sonidos.

Estás pensando, pensando, pero sólo buscas silencio.

Vuelve a tu aliento.

Inhala por uno, dos, tres, cuatro,

Y exhala, para uno, dos, tres, cuatro.

Mientras respiras, centra tus pensamientos en un solo canto.

Una palabra, fuerte, poderosa.

Consciente.

Claro.

Respiración.

Respiración.

Respiración.

Inhala por uno, dos, tres, cuatro,

Y exhala por uno, dos, tres y cuatro.

Permita que su cuerpo cante, consistente, enfocado – consciente.

Respiración.

Estás respirando.

Siente tu cuerpo deleitarse con la respiración y el silencio.

Si tu mente comienza a desviarse, tráela de vuelta al centro.

Respiración. Canto. Estás respirando. Pensar viene más tarde.

Por ahora, sólo respirando.

Inhala por uno, dos, tres, cuatro,

Y exhala por uno, dos, tres y cuatro.

Deja que el aumento y la caída del pecho relajen los músculos.

Tu mente puede descansar – está bien descansar.

Pensar se vuelve preocupante,

La respiración es vivir.

Inhala por uno, dos, tres, cuatro,

Y exhala por uno, dos, tres y cuatro.

Tu mente no está en control mientras tu aliento gobierna tu enfoque.

Tu mente no está en control. Tu aliento gobierna tu enfoque.

Respiración.

Respiración.

La actividad tiene un lugar, pero sólo con su permiso. Tu mente está bajo tu dominio.

Tienes control absoluto.

Estás respirando.

No hay lugar para pensar.

Respiración.

Respiración.

Inhala por uno, dos, tres, cuatro,

Y exhala por uno, dos, tres y cuatro.

Inhala por uno, dos, tres, cuatro,

Y exhala por uno, dos, tres y cuatro.

Respiración.

Estás respirando.

No hay lugar para pensamientos ansiosos en un soplo de aire.

Deja tu mente en calma. Cada exhalación, tu mente se calla.

Inhala por uno, dos, tres, cuatro,

Y exhala, silencio – uno, dos, tres, cuatro.

Inhala – uno, dos, tres, cuatro,

Y exhala, silencio – uno, dos, tres, cuatro.

Sólo respirando.

Sólo respirando.

Inhala – uno, dos, tres, cuatro,
Y exhala, silencio – uno, dos, tres, cuatro.
Ven a descansar en silencio.
Deja que tu paz se calme.
Estás tranquilo. Estás respirando.
Tu mente está en silencio.
Tu aliento es fuerte.
Inhala –uno, dos, tres, cuatro,
Y exhala uno, dos, tres y cuatro.
Estás tranquilo. Tu mente descansa.

Finalmente, si encuentra este libro útil de alguna manera, ¡siempre se agradece una crítica honesta!

www.ingramcontent.com/pod-product-compliance
Lightning Source LLC
Chambersburg PA
CBHW030915080526
44589CB00010B/311